PASSE NO CONCURSO DE PRIMEIRA

Sandro Madeira

PASSE NO CONCURSO DE PRIMEIRA

NOVOS ASES

2023

Preparo de originais: Gabrielle Antunes

Revisão: Danielli Guirado

Diagramação: Bruno Eustáquio

Capa: Fernanda Ferreira

Catalogação na publicação
Elaborada por Bibliotecária Janaina Ramos – CRB-8/9166

M181p

Madeira, Sandro

Passe no concurso de primeira / Sandro Madeira. – Rio de Janeiro: Ases da Literatura, 2023.

N p.; 14 X 21 cm

ISBN 978-65-54281-45-4

1. Concursos - Aspectos psicológicos. 2. Método de estudo. I. Madeira, Sandro. II. Título.

CDD 371.89

Índice para catálogo sistemático

I. Concursos - Aspectos psicológicos

www.asesdaliteratura.pt

PREFÁCIO:

Após me decidir por sair do atual emprego que eu tinha, e que não aguentava mais, principalmente pelo baixo salário, resolvi finalmente tentar realizar o sonho de ser aprovado no Tribunal de Justiça. E, para isso, me inscrevi em um renomado cursinho preparatório.

Mas estar ali não me ajudava em nada e, após 4 meses de estudos, meus resultados eram praticamente os mesmos de antes de começar a estudar.

Foi então que resolvi ler e pesquisar tudo que encontrasse a respeito de como ser aprovado em um concurso: livros, reportagens, testemunhos, dicas, etc.

E foi assim que, após um mês de ter iniciado os estudos, e faltando apenas um mês para a prova, coloquei em prática um método que pareceu tornar-se muito lógico em minha cabeça.

Em poucos dias, o resultado já começava a aparecer e, em semanas, eu já estava convicto que eu seria aprovado. Passei de 50% de acertos nos exercícios para cerca de 90%.

É isso que trago aqui para você. Um material com condições de mudar radicalmente seu conhecimento prático em provas e concursos e que te levará ao seu grande sonho de tornar-se um concursado.

SUMÁRIO

INTRODUÇÃO

Bem-vindo a este poderoso material de transformação. Se você chegou até aqui, é porque está decidido a dar um passo importantíssimo de transformação na sua vida.

Este e-book é um material completo sobre como se tornar um concursado de maneira prática e eficaz. E não se preocupe: no final, você não será redirecionado a um curso que será oferecido para aumentar suas "chances de aprovação"!

Tudo aqui foi elaborado com a intenção de mostrar como é possível se tornar um concursado, seja no âmbito municipal, no estadual ou no federal, mesmo que nunca você tenha se dedicado a estudar para qualquer concurso anteriormente.

É um manual prático, de fácil entendimento e aplicação. Mas não vou enganá-lo e dizer que ser aprovado é algo fácil e que você encontrará dicas milagrosas de como passar, mesmo estudando pouco.

Longe disso. Para ser concursado, é necessário determinação, dedicação e muita vontade de mudar de vida. E aqui você encontrará tudo que precisa saber para trilhar esse caminho.

Por meio de um passo a passo que se inicia com a explicação do que é um concurso e das etapas necessárias até a posse, você aprenderá como iniciar uma pesquisa sobre sua área de interesse e no que se atentar para a seleção do cargo pretendido.

Com instruções claras e práticas, você irá, a cada dia. progredir e sentir-se mais motivado, pois perceberá que sua meta de ser um empregado estável do governo estará cada vez mais próxima.

Este guia de aprovação terá, fundamentalmente, três etapas, distribuídas e mescladas entre os capítulos, que, junto a outras técnicas e ferramentas, lhe ajudarão em todo o processo.

As três etapas são:

- **primeiro teste e análise:** realização de uma prova que servirá como indicador dos pontos fortes e fracos do candidato. Etapa básica para o desenvolvimento e intensificação do programa;
- **estudo das questões da prova:** principal etapa do programa, que consiste na execução das atividades, saneamento das deficiências e desenvolvimento do conhecimento;
- **análise e revisão:** é a etapa da continuidade e progressão nos estudos. Possibilita a melhora gradativa das condições de aprovação do candidato.

Vamos em frente! Boa sorte e até sua aprovação!

APRESENTAÇÃO

Vou apresentar aqui algumas questões básicas a serem respondidas, que te levarão a entender **o que é um concurso público** e se é isso que fará você feliz.

Possivelmente, você já saiba do **que se trata um concurso**, talvez por conhecer alguém concursado, algum amigo ou alguém da família, ou por ter ouvido falar a respeito durante sua formação acadêmica.

Independentemente de seu conhecimento, este capítulo reunirá **informações importantes** para pensar a respeito sobre se essa área tem mesmo a ver com você, e que **passos você deve seguir para alcançar essa carreira**.

O QUE É UM CONCURSO PÚBLICO?

Concurso público é a forma que a Administração Pública utiliza para contratar novos servidores para compor seus quadros.

É um processo de seleção, que tem a função de avaliar e aprovar candidatos a um **cargo efetivo** ou **emprego público** em uma das esferas governamentais: municipal, estadual ou federal. Como exemplo de órgãos públicos, podemos citar as polícias e os bancos públicos.

Uma das principais características de um cargo ou emprego público é sua **natureza permanente**, ou seja, sua estabilidade, o que significa que só se permite a demissão de funcionários públicos por cometimento de irregularidades ou falta grave após a abertura de um processo administrativo.

Para participar de um concurso, é necessário fazer sua inscrição junto a **empresas especializadas** (como **CESPE, VUNESP, FCC** etc.), responsáveis por todo o processo de elaboração, aplicação e correção de provas. Normalmente, paga-se uma taxa para a realização dessa inscrição, ou o candidato pode requerer a isenção, caso consiga comprovar que não tem condições de pagar.

Todo o **acompanhamento desse processo de seleção**, bem como a **conferência dos resultados das provas,** é feito por meio dos sites dessas empresas (também conhecidas como **bancas examinadoras**).

Com processo semelhante e algumas características distintas, existem, também, os **processos seletivos,** que visam à contratação temporária para atender uma necessidade vista como urgente pelo serviço público. Um dos maiores exemplos de processo seletivo é a seleção para trabalhar no **IBGE**, fundação responsável pelas estatísticas referentes à população brasileira.

Para ficar atualizado das novidades, há inúmeros sites que fornecem **informações diárias sobre concursos e processos seletivos** como o pciconcursos.com.br, concursosnobrasil.com e o acheconcursos.com.br, entre outros.

A seguir, confira algumas diferenças entre concurso público e processo seletivo.

CONCURSO PÚBLICO	✕	PROCESSO SELETIVO PÚBLICO (ou SELEÇÃO PÚBLICA)
• natureza permanente • estabilidade depois de 3 anos • muito difícil acontecer demissão		• necessidade urgente (temporário) • não tem estabilidade • pode haver demissão • não há possibilidade de efetivação • processo seletivo simplificado

Considerando essas características, ambos processos têm algumas vantagens com relação ao trabalho nas empresas privadas, como ter um **emprego bem remunerado (dependendo da função), salários estáveis, bônus e benefícios em relação à aposentadoria**, que, muitas vezes, tem regime próprio de previdência e paga um valor mais elevado que o regime geral (aposentadoria convencional).

Dica: avalie como se sente em relação às vantagens e desvantagens de ser um concursado. Sente preferência na segurança e estabilidade, ou não gosta de burocracia e prefere empreender e buscar uma ascensão na carreira? Há pessoas que gostam do ritmo de altos e baixos do mercado competitivo. Mas se você é ansioso e preocupado com o futuro, tem chance de dar certo na área pública. É o seu caso?

CONCURSO PÚBLICO É PRA MIM?

Se você busca **segurança, estabilidade, um bom salário** (e que seja corrigido periodicamente), **tranquilidade**, certeza que conseguirá **honrar suas contas**, **crédito facilitado para financiamento de móveis e imóveis**, possibilidade de **planejar e realizar viagens** com maior facilidade e, ainda, **prestígio** por estar em um lugar almejado por grande parte da população, sim, concurso público certamente é para você!

As possibilidades em sua vida serão ampliadas após a aprovação, facilitando o alcance de metas que anteriormente estavam à mercê da sorte ou prejudicadas pelas instabilidades econômicas e políticas.

Com sua vida econômica mais estável, será possível fazer planos mais ousados de investimentos, viagens e muito mais, o que antes apenas ficava na incerteza.

Dica: faça uma autoanálise e tente lembrar-se de como tem se sentido nos últimos anos e se não se sentiria mais feliz e seguro se estivesse em uma carreira com menos riscos.

PRECISO TER UM DIPLOMA DE ENSINO SUPERIOR?

Dependendo do concurso e do cargo que pretende concorrer, pode haver ou não a necessidade de uma formação em ensino superior, mas, caso você não tenha esse nível ainda, também há concursos para os níveis fundamental e médio com bons salários.

Essas **exigências devem ser verificadas no edital** do concurso, no qual também poderão constar algumas outras, como carteira de habilitação para condução de veículos (CNH); ou idade máxima de 30 anos, para ser soldado da Polícia Militar, por exemplo.

Normalmente, cargos para os níveis fundamental e médio oferecem mais vagas e são mais concorridos. Já os cargos de nível superior, apesar de serem menos concorridos, exigem maior conhecimento.

Exemplos de cargos de nível médio: técnico do seguro social (INSS); técnico legislativo da Câmara dos Deputados; técnico bancário etc.

Exemplos de cargos de nível superior: Tribunal de Contas da União; auditor da Receita Federal; Polícia Federal etc.

Dica: fique atento(a) aos editais e verifique a compatibilidade de sua formação com o cargo pretendido.

EU TENHO CONDIÇÕES DE ESTUDAR PARA CONCURSOS?

Essa é uma pergunta muito comum para quem pretende entrar nessa área. Também é fácil de ser respondida: se você tem, pelo menos, de **duas a três horas livres por dia**, pelo menos **cinco dias por semana**, **desejo de mudar** radicalmente sua vida e **determinação** para passar alguns meses nessa rotina de estudo e dedicação, você tem total **condição de ser aprovado**!

Ser concurseiro, e tornar-se concursado, necessita de uma decisão muito clara. É preciso garra e determinação para focar nos estudos por alguns meses, dependendo do seu esforço, e colocar como meta alcançar uma carreira profissional que certamente mudará sua vida.

"**Será que vale a pena eu me dedicar tanto?**". Essa resposta só você pode dar. Passar três meses, seis meses ou um ano estudando é tanto tempo assim para quem está tendo a mesma vida há muito tempo e deseja mudar? Creio que não.

Afinal, esforçar-se para ter um cargo efetivo, seguro e com salários que podem chegar a cinco salários mínimos, ou mais, com certeza vale a pena.

> Dica: tudo no começo exige esforço e foco. Mas, após os primeiros dias e semanas, você se sentirá mais adaptado com as horas de estudo e começará a ter resultados que o estimularão mais e mais. Confie!

QUAL CONCURSO ESCOLHER?

A melhor opção, normalmente, está ligada àquela área com maior correspondência com seus gostos e preferências. Há concursos para todas as áreas e profissões, e se você tem entre 18 e 65 anos tem possibilidade de concorrer à maioria delas.

A **área educacional**, por exemplo, é a **decisão mais coerente** com quem sempre **admirou seus professores** e identifica-se com lecionar. Assim como ser da carreira policial poderá ser óbvio para quem gosta de **muita emoção e se interessa pela área de segurança pública.**

Escolher áreas com **maior afinidade** possibilita estudar matérias que você terá mais familiaridade, e isso facilitará bastante o **aprendizado e a memorização** do conteúdo.

Quem já não se importa muito com a área, e apenas busca estabilidade e uma aprovação mais rápida, a sugestão é pelos concursos com **maior oferta de vagas** em áreas como: **bancária, judicial, previdenciária** e **policial**, por exemplo.

Nesses casos, embora a concorrência seja mais elevada, o **alto número de vagas e de concursos abertos acaba favorecendo a aprovação.** A concorrência nesses concursos é considerada a partir da relação **candidato X vaga**, que, em alguns casos, pode chegar até a 100, 200 ou 500 candidatos por uma vaga.

Mas não se assuste com esses números. Apenas uma **pequena parcela dos inscritos está apta** para prestar a prova, já que a maioria não se prepara adequadamente com método, foco, análise e tempo suficientes.

Dica: faça uma lista com algumas opções de concursos que você tenha mais afinidade ou ligadas à sua área de formação. Pesquise essas opções e veja de quanto em quanto tempo esses concursos costumam ter inscrições, anotando informações sobre os cargos.

Faça também uma lista de concursos com maior quantidade de vagas, acrescentando informações como salários e demais benefícios, além do tempo de recorrência das inscrições.

Com essas listas, será mais fácil decidir a quais concursos, dedicar-se com mais afinco.

QUEM SÃO MEUS OPONENTES E COMO SUPERÁ-LOS?

Essa também é uma pergunta muito comum e que sabiamente é respondida pela frase: **"Você é seu maior oponente".** Assim que você decidir-se pela área e cargo pelo qual concorrerá, basta saber qual resultado deverá alcançar na prova para ser aprovado, e estudar até conseguir.

Após a fase de **Primeiro teste e análise**, que será explicada adiante, é possível saber o seu nível de conhecimento e qual a necessidade de desenvolvimento em cada área para alcançar a nota necessária para a aprovação.

Daí em diante, não haverá mais oponentes, pois o trabalho será focado apenas em você, que deverá **criar uma rotina dedicada de estudos, aplicar as práticas explicadas** neste livro, **perceber seu crescimento gradual** e ter certeza que **sua meta será alcançada em breve**.

A disputa é sempre com você, e não com outros candidatos.

> Dica: após o primeiro teste e análise e, posteriormente, início dos estudos, o programa se desenvolverá de forma natural. Confie no processo!

RESUMO DO CAPÍTULO

Questões importantes a avaliar antes de prosseguir para a próxima fase:

PASSE NO CONCURSO DE PRIMEIRA

ETAPAS	☑
- Contabilizou quantas horas você possui por dia para seus estudos?	
- Há algum concurso de sua preferência ou que deseje fazer?	
- Anotou também alguns concursos com maior quantidade de vagas?	

COLETANDO INFORMAÇÕES

"Quero ser concursado, mas como devo começar?". Esse é um momento fundamental e que lhe guiará pelo caminho até alcançar seu objetivo.

Nessa etapa, você vai começar a buscar e coletar informações que definirão o local em que deseja trabalhar e o cargo que ocupará.

Logicamente, essa não é uma etapa fácil, mas de muita importância, já que dele dependerá as etapas seguintes.

Pesquise com paciência e considere seus gostos e preferências. E lembre-se: **só você** pode definir o trabalho que irá realizar ao longo dos anos.

Esse momento é essencial para definir a carreira que deseja ingressar e começar a se enxergar contratado em um futuro próximo. **O poder de escolha está em suas mãos!**

SELECIONANDO O CONCURSO:

Em qual esfera você pretende entrar? Há possibilidades nas esferas municipal, estadual e federal. Normalmente, os concursos federais possuem os melhores salários e benefícios, enquanto os municipais têm maior quantidade de vagas por conta da quantidade de munícipios no país.

Atente-se às exigências de cada concurso. Concursos da polícia, em geral, têm limite de idade e mínimo de tamanho, além de formação mínima necessária.

Após saber a área que você quer atuar, busque informações a respeito dos cargos oferecidos. Há inúmeros sites com esse tipo de informações na internet. Basta fazer uma breve pesquisa no Google que irá encontrar todas as informações que quiser a respeito.

Outro local em que também encontrará essas informações, será no edital do concurso. Recomendo o site **www.pciconcursos.com.br**, no qual, além de informações de concursos em andamento, há também inúmeras informações complementares, como provas e editais de concursos anteriores.

Hoje não é difícil ter acesso a esses tipos de informações, caso não conheça ninguém que já trabalhe na área. Seja curioso, interessado e conseguirá ter todas as informações que busca.

Dica: hoje, com a internet, é muito fácil ter em mãos os mais variados editais de concursos públicos e processos seletivos. Pesquise as áreas de seu interesse e, se possível, vá até os órgãos que lhe interessam e converse com os funcionários. Certamente que receberá informações preciosas que ajudarão em sua escolha.

EDITAL

É a **publicação oficial do concurso** e onde estão disponíveis todas as informações necessárias para a realização do certame. Lá estará o **conteúdo programático, data da realização e características da prova, prazos de recursos, validade do concurso, banca organizadora**, entre outras informações.

Além disso, estão disponibilizadas **as áreas do concurso, os cargos disponíveis, carga horária de trabalho, remuneração, requisitos exigidos na função, tipo de avaliação, local de trabalho, número de vagas** e, de suma importância, a **data e valor das inscrições.**

Ler o edital com calma e atenção é fundamental para estar ciente de tudo que cerca o cargo e a prova. É por meio das informações presentes no edital que será possível ter certeza se as características do concurso estão em coerência com suas intenções.

Constarão ainda no edital a previsão ou não de vagas para pessoas portadoras de deficiência e/ou direcionadas a pessoas negras e indígenas. Há ainda a possibilidade de o concurso ser destinado a **cadastro de reservas**, ou seja, vagas que ainda não estão abertas e que poderão ser preenchidas posteriormente.

Além das informações pertinentes aos cargos, **constarão, ainda, questões práticas e essenciais a respeito da aplicação da prova, como local e horário.** Há concursos que são aplicados em várias fases, às vezes com testes físicos em uma dessas etapas.

Valorize e priorize essa importante etapa para estar bem informado dos aspectos e características da prova. Sua leitura é essencial para saber se vale a pena ou não concorrer àquela vaga, ou se é habilitado para o cargo.

Outra informação importante a se atentar, diz respeito a **regras durante a prova**, como cor da caneta para preenchimento das respostas e uso de eletrônicos, circunstâncias que podem até desclassificar o candidato.

Os editais costumam ser **publicados de dois a três meses antes da aplicação das provas.** Acompanhe com regularidade sites que fazem as divulgações dos editais, ganhe vantagem em sua preparação e estudos, e esteja um passo à frente dos concorrentes.

Dica: caso sua prova escolhida não esteja com edital aberto, busque editais anteriores, de preferência do último concurso. Assim, você pode começar a se preparar para o próximo meses antes de sua publicação e estar mais capacitado para as provas.

RECORRÊNCIA DO CONCURSO

Quanto mais recorrente for o concurso, ou seja, quanto maior a quantidade de concursos semelhantes abertos, em menor espaço de tempo, **maior será sua chance de aprovação**.

Concursos que abrem anualmente, ou a cada dois anos, oferecem mais vagas e, consequentemente, oferecem mais oportunidades. Se o concurso escolhido não está com edital e inscrições abertas, fique tranquilo. **Estude com rotina e determinação na fase conhecida como pré-edital**, período de preparação anterior à publicação do edital, que logo sua aprovação chegará.

> Dica: se você deseja que sua aprovação ocorra o mais rápido possível, dedique-se a concursos com mais recorrência e oportunidades, como da Polícia, do INSS e concursos municipais.

VAGAS

Quanto mais vagas, melhor. Isso é claro. Quanto mais vagas, menor será a nota de corte e maior a possibilidade de mais candidatos serem chamados. Essa é uma importante análise se sua intenção é ter uma aprovação o mais rápido possível.

É importante destacar que o número de candidatos efetivamente contratados nem sempre se limitam à quantidade de vagas oferecidas na abertura do edital. **Normalmente, os concursos costumam contratar mais candidatos do que as vagas oferecidas.**

Um exemplo disso foi o concurso do Tribunal de Justiça de São Paulo que, em 2015, abriu **edital com 345 vagas,** para várias regiões administrativas do Estado, e acabou convocando e **nomeando quase 2.000 aprovados.**

Isso acontece porque as vagas oferecidas no edital representam a **necessidade para o cargo no momento da publicação do edital.**

No entanto, do dia da publicação até o final do processo seletivo haverá pessoas que se aposentaram ou saíram do cargo, o que aumenta o número de vagas a serem preenchidas.

Dica: normalmente, concursos federais e estaduais trazem maior possibilidade de vagas, devido ao tamanho das instituições e da capacidade de empregados que possuem.

VALIDADE DO CONCURSO

Validade é o **período máximo** que a Administração Pública tem para a nomeação dos candidatos aprovados no certame (processo seletivo).

A Constituição Federal especifica em seu art. 37, inc. II, que: "III – o prazo de **validade do concurso público será de até dois anos, prorrogável uma vez**, por igual período".

Isso quer dizer que, após a homologação do resultado da última fase do concurso, o candidato **aprovado dentro do número de vagas previstas deverá ser nomeado.**

Por exemplo, foi realizado um concurso com 200 vagas para professor de ensino fundamental da cidade de São Paulo, e 245 candidatos receberam nota suficiente de aprovação.

Neste caso, **todos esses 245 podem ser nomeados**, embora somente os primeiros 200 candidatos devam ser **obrigatoriamente nomeados** durante o tempo de validade do concurso.

Mesmo que esses 45 candidatos aprovados não estejam no número previsto inicialmente no edital, **eles podem ser nomeados** justamente por terem tido nota mínima na prova e serem considerados aprovados pela banca.

Após o término do prazo estipulado para a seleção, a Administração Pública pode **optar por expandir o**

prazo do concurso por igual período para contratar os demais candidatos aprovados, ou poderá realizar novo concurso para os mesmos cargos.

Dica: é importante a atenção do candidato aprovado sobre esses prazos, pois não é incomum haver novo concurso com o prazo de validade do concurso anterior ainda válido.

CONTEÚDO PROGRAMÁTICO

É a relação das **disciplinas e conhecimentos específicos a serem abordados na prova** para cada cargo do concurso.

Esses assuntos serão apresentados em tópicos, com seus itens e subitens, de modo a definir e esquematizar os conceitos que estarão presentes na avaliação.

Por meio do conteúdo programático, é possível saber com exatidão quais os temas que serão abordados de cada disciplina, como **língua portuguesa, com o tema pontuação ortográfica.**

Dica: ao estudar para concursos recorrentes, esteja sempre atento para matérias e assuntos que sofreram atualizações. Essas são as questões preferidas pelas bancas.

RESUMO DO CAPÍTULO

PASSE NO CONCURSO DE PRIMEIRA

ETAPAS	☑
- Fez uma lista dos seus concursos preferidos? Verificou cargos, salários e vagas?	
- Conseguiu eleger um concurso entre as opções?	
- Verificou o edital e observou se seu perfil é compatível com as exigências do cargo?	
- Verificou outros aspectos importantes, como número de vagas, datas e locais das provas?	
- Verificou o conteúdo programático e as disciplinas que serão cobradas na prova?	

PREPARAÇÃO PARA OS ESTUDOS

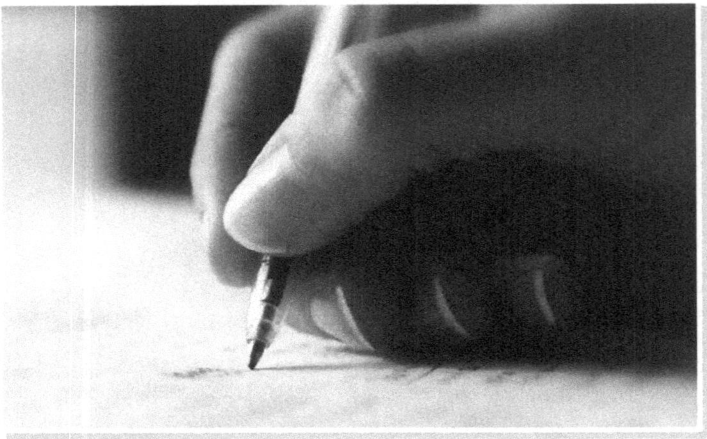

"Já sei em qual área quero trabalhar e que cargo que desejo ocupar. E agora?".

Agora é hora de iniciar os trabalhos. "Mas por onde devo começar?". Essa é a hora de começar a **mover-se em direção ao seu objetivo de mudar de vida**.

Aqui está o caminho dessa caminhada e, de acordo com essa etapa e de como vai iniciar seu projeto, será definido o momento posterior de estudo e progresso.

EQUIPAMENTOS NECESSÁRIOS PARA O MÉTODO

Além das provas anteriores que você já baixou, e do material de apoio (apostilas, livros ou sites de estudo), você precisará de mais alguns **equipamentos e materiais básicos** para colocar em prática o método "Concurso para Iniciantes":

- computador ou notebook;
- impressora;
- papel A4 e tinta para impressora;
- conexão com internet;
- caderno de anotações e estudos.

> Dica: obviamente essa etapa só ocorre após ter muito bem definido o concurso e cargo que irá prestar!

MATERIAL DIDÁTICO (APOSTILAS, LIVROS E SITES)

Como apoio ao estudo e de uso essencial a este programa de "Concurso para Iniciantes", o candidato precisará **dispor de material didático** que abranja todo o conteúdo programático do concurso que quer se inscrever.

Esse conteúdo pode estar disponível de várias formas, como em **apostilas, livros, sites específicos**, entre outros. Será esse material que possibilitará o aprofundamento do candidato nas questões e no conteúdo programático do concurso.

Apostilas Digitais

Tratam-se de apostilas preparatórias para concursos. Normalmente, recomenda-se o uso de apostilas digitais, que permitem a possibilidade de uma **pesquisa rápida dos assuntos** da prova no material. Basta utilizar a função "pesquisar" na apostila e encontrar rapidamente o tema procurado. Isso **ajuda a acelerar os estudos.**

Há **empresas especializadas na confecção de apostilas** para os principais concursos do país, especificamente para cada cargo, que visam suprir a necessidade de acesso do candidato à matéria da prova. Nessas apostilas estão todas as matérias e disciplinas que serão abordadas pela banca examinadora e que constarão nas questões da avaliação.

É essencial que esse material tenha uma boa procedência, o que garantirá que todo o conteúdo programático esteja atualizado.

Disciplinas como **Direito, Legislação e Atualidades devem estar sempre atualizadas**, evitando o acesso à informação ultrapassada.

Alguns exemplos de apostilas para concursos são: Apostilas Opção, Apostilas Solução, Estratégia Concursos etc.

Apostilas comentadas e não comentadas

A melhor opção é aquela que atende aos objetivos e necessidades do estudante.

Apostilas comentadas são indicadas para alunos que nunca estudaram determinada matéria ou que têm dificuldade no assunto. Conteúdos de matemática e português podem ser melhor compreendidos com **questões comentadas pelos professores.**

Já as **apostilas não comentadas**, mais sucintas e diretas ao ponto, como algumas das áreas de Direito, podem ser uma boa opção para quem pretende apenas **consultar o que diz a lei, sem interpretação ou análise.** Isso, claro, a depender do tipo de questão que a prova terá (discursiva ou múltipla escolha).

Para quem está em dúvida, é recomendável experimentar as duas formas antes de se decidir. Nos próximos capítulos, será abordado como ter o melhor aproveitamento do estudo com os materiais de consulta.

Livros e sites

Livros e sites especializados também são **importantes fontes de pesquisa**, pois permitem o aprofundamento (estudo mais avançado) dos temas.

Exemplos de sites para estudo e pesquisa: **www.gramaticaonline.com.br** (estudo de gramática), **www.pciconcursos.com.br** (editais, provas, videoaulas e diversos materiais), **www.planalto.gov.br** (Código Penal, Código Civil etc.).

É importante lembrar que a **legislação cobrada no concurso será a que entrar em vigor até a data da publicação do edital**, assim como possíveis reformas ortográficas ocorridas.

> Dica: o melhor material é aquele que atende as necessidades do candidato. Busque o material que preferir e que seja capaz de sanar suas dúvidas. O que não falta são opções.
>
> O importante é ter o material à disposição para realizar os estudos de maneira efetiva no "Concurso para Iniciantes".

ESTUDO COLETIVO/PASSIVO (CURSOS PREPARATÓRIOS)

O estudo coletivo consiste na preparação oferecida de forma massiva, de modo a proporcionar a uma grande quantidade de alunos o conhecimento necessário para ser aprovado em um concurso.

Esse modo de estudo pode ser feito de várias maneiras: **cursinho presencial, cursinho à distância, videoaulas ao vivo e gravadas** etc. A seguir, estão algumas vantagens e desvantagens desse tipo de estudo.

Vantagens

- É uma **boa forma de iniciar os estudos**, principalmente para quem é novo em se preparar para concursos e não sabe por onde começar.
- É **motivacional** estar com pessoas também interessadas em serem concursadas e que desejam áreas parecidas.
- Proporciona ao aluno com pouco ou nenhum conhecimento anterior **acesso facilitado a conteúdos**, deixando-o familiarizado com o assunto e preparando-o para um aprendizado mais aprofundado.
- Conta com **professores preparados** para lecionar ao aluno matérias desconhecidas ou com pouca familiaridade.

Desvantagens

- É uma forma de **aprendizagem passiva**, na qual o aluno recebe as informações e conhecimentos do professor de forma "pronta", o que pode prejudicar a assimilação do conteúdo.
- O aluno tende a ficar **limitado ao conhecimento** passado pelo professor.
- Como é entregue muita informação, acaba gerando no aluno a sensação de **"ser o suficiente"** estudar apenas por ali. Essa sensação acaba não estimulando que o aluno busque aprofundamento nas matérias por conta própria.
- Pelo curto espaço de tempo dos cursos preparatórios e pela quantidade de matéria abordada, a informação é passada de **forma "mediana"**, ou seja, para alcançar o máximo de pessoas possível, e não necessariamente de forma aprofundada, o que faz com que apenas uma pequena quantidade de alunos esteja realmente preparada para a prova.
- Um fator que comprova que esse "estudo passivo" normalmente não é suficiente é que apenas uma **pequena parcela dos estudantes consegue a aprovação**.

> Dica: é recomendável buscar o aprofundamento nas matérias a partir de materiais mais direcionados, como livros, apostilas e sites especializados.

ÚLTIMAS PROVAS REALIZADAS

Essa etapa é uma das fundamentais do método "Concurso para Iniciantes".

Acesse sites especializados de concursos (como o www.pciconcursos.com.br) e baixe entre cinco a dez provas do cargo pretendido, de preferência da mesma banca examinadora. Baixe o material completo da prova, com edital, prova e gabarito.

Caso não encontre número suficiente de provas da mesma banca (FCC ou Vunesp, por exemplo), busque provas semelhantes de concursos de outras cidades e Estados, ou de outras bancas aplicadas para o mesmo cargo que você escolheu.

É necessário que você tenha material de estudo (provas e apostilas) com o mesmo conteúdo ou o mais semelhante possível do concurso que irá prestar. Isso será indispensável para a realização da prática dos exercícios que serão apresentados adiante.

Por exemplo, você pretende prestar concurso para ser professor do ensino fundamental, que será aplicado pela banca da VUNESP.

Então você buscará provas **semelhantes dessa banca** que foram aplicadas nos **concursos anteriores**. Assim, encontrará, possivelmente, provas com as mesmas características do concurso que irá realizar.

Caso as provas anteriores para esse cargo foram aplicadas por outras bancas (FCC, por exemplo), você pode buscar provas da VUNESP (por ser a banca do concurso atual) para **concursos semelhantes** (professor do ensino fundamental) de outras cidades ou Estados.

Em último caso, e **para assegurar o estudo completo do conteúdo programático**, você pode buscar as provas para o mesmo cargo e que foram aplicadas por uma banca diferente (CESPE, por exemplo).

> Dica: além de buscar pelas provas e gabaritos em sites especializados, você pode também procurar no site da própria banca examinadora.

NOTAS DE CORTE DE PROVAS ANTERIORES

Acredito que a esta altura você já tenha definido **qual concurso irá prestar e qual cargo irá concorrer**. Isso é **fundamental** para os próximos passos deste método de estudo.

E se é claro que é preciso alcançar na prova **uma nota suficiente** para estar entre os aprovados, também é importante saber **qual é o valor aproximado dessa nota**.

Essa nota mínima de aprovação é **conhecida como nota de corte**, e a melhor forma de saber qual, é considerar a **nota do último candidato aprovado no último concurso**, para o **mesmo cargo** que você irá concorrer.

Essa nota é calculada a partir da **soma das questões certas, em uma ou mais fases do concurso**, dependendo da forma de avaliação e pontuação de cada processo seletivo.

Há concursos, por exemplo, que além de somar a pontuação das respostas certas, também subtraem pontos das erradas.

Para saber a nota de corte do último concurso e definir qual a nota necessária para aprovação na próxima prova, **pesquise junto às bancas examinadoras a lista dos aprovados do concurso encerrado.** Lá constará a lista dos candidatos nomeados e também os que estavam na lista de espera, se for o caso.

Dica: dependendo do concurso, a nota de corte varia normalmente entre 70% e 90%. Pesquise em sites de concursos as notas de corte para alguns cargos que lhe interessam. Isso lhe ajudará a definir a meta de acertos na prova que prestará.

ORGANIZAÇÃO E TEMPO DE ESTUDO

Para alcançar seu objetivo de ser aprovado, é preciso **criar algumas rotinas** em sua vida. Será essa rotina que determinará o tempo que precisará para chegar até a posse no concurso que deseja.

Quantas horas você terá disponível em seu dia? O ideal é que sejam dispensadas **pelo menos duas a três horas por dia**, pelo menos **cinco dias por semana. Caso você tenha mais tempo, melhor ainda.**

Caso não tenha muito tempo disponível durante a semana para estudar, poderá **aproveitar o final de semana** para intensificar os estudos.

Para não criar bloqueios mentais que o façam desistir antes mesmo de começar, **vá aos poucos e vá aumentando gradativamente**. Assim, seu corpo e mente vão se habituando à nova rotina.

O sistema "Concurso para Iniciantes" é prático, portanto, logo você se sentirá motivado a continuar estudando cada vez mais.

> Dica: comece estudando uma hora por dia e logo perceberá os resultados. Posteriormente, passar a estudar mais horas será um processo natural e gradativo.

RESUMO DO CAPÍTULO

PASSE NO CONCURSO DE PRIMEIRA

ETAPAS	☑
- Já tem à disposição os equipamentos necessários para iniciar os estudos?	
- Adquiriu a apostila para o cargo escolhido?	
- Conseguiu baixar as provas dos concursos anteriores (com edital e gabaritos)?	
- Encontrou a nota de corte para o concurso que irá concorrer?	

A PRÁTICA

Hora de sentar e dedicar seu tempo para que consiga alcançar a grande meta e utilizar tudo que pesquisou e mobilizou até aqui para começar a estudar e ser capaz de perceber sua evolução.

É hora de colocar a mão na massa, de se dedicar por algumas horas e adquirir um conhecimento que nunca esteve tão próximo de você.

Não tenha medo do que se aproxima. Realmente é um momento novo e de mudança, mas que trará muita energia de transformação.

Aproveite essa possibilidade e transforme radicalmente sua vida.

PRIMEIRO TESTE E ANÁLISE

Finalmente chegamos à prática do método "Concurso para Iniciantes". Agora é a hora de começar a fazer os exercícios e ver como você está em relação ao seu conhecimento nas disciplinas da prova, conforme os tópicos a seguir.

1 - Após ter baixado as últimas provas do concurso escolhido (ou de provas similares), conforme explicado anteriormente, **imprima a prova inteira, apenas do último concurso, e faça todas as questões.**

2 – **Faça esse teste da forma mais semelhante possível** às da prova original. Tente realizar no mesmo período de tempo (normalmente quatro horas), sem ajuda de ninguém, sem interrupções e, se possível, de uma vez só.

3 – Após, **pegue o gabarito** (que foi baixado junto à prova) e **verifique seus acertos e erros.** Veja qual foi **seu índice de acertos**.

Essa é sua primeira avaliação e servirá como referência para medir seu desenvolvimento ao longo das semanas e meses.

4 – Agora verifique o índice de acertos em relação à **cada matéria da prova**. Esse será seu indicativo de onde começar os estudos e em quais áreas deve se empenhar mais. **Por exemplo:**

- Em uma prova de 80 questões, você acertou 30. Isso significa um índice de acertos de 37,5%.

DISCIPLINA	ACERTOS	ÍNDICE
Prova inteira	30/80	37,5%

- Nas disciplinas, os acertos foram os seguintes:

DISCIPLINA	ACERTOS	ÍNDICE
Matemática	4/10	40%
Português	5/10	50%
Informática	3/10	30%
Direito Penal	1/10	10%

A partir do exemplo anterior, será possível **definir por quais matérias iniciar o estudo** e quais haverá a necessidade de maior empenho (será explicado detalhadamente mais para frente).

Dica: a partir da comparação entre esse primeiro teste e a nota de corte necessária para aprovação, será possível perceber onde você está agora e onde pretende chegar em algumas semanas/meses.

MONTANDO O CRONOGRAMA DE ESTUDO

Ao iniciar os estudos, **organizar as matérias** a serem vistas ao longo da semana é uma importante tarefa a ser realizada para o melhor **aproveitamento do tempo**.

Montar um cronograma adequado é fundamental para isso!

Há alguns pontos a se observar, como o **tempo diário** disponível, a **quantidade de matérias a ser estudada, o tempo restante até a prova etc.**

O principal objetivo do cronograma é **criar e organizar a rotina de estudos,** de modo a **favorecer a retenção das informações estudadas** e obter, assim, os melhores resultados possíveis.

Um cronograma bem-feito ajuda, também, a **não perder o foco**, a **conciliar áreas mais fáceis e mais difíceis**, e a **dar fôlego para toda a jornada de estudos**.

A seguir, estão alguns pontos importantes a se observar para montar um cronograma e obter o melhor resultado possível dele.

1 – **Monte rotinas com, no máximo, duas disciplinas por dia.** Começar o método com poucas matérias permite analisar melhor os resultados e perceber o progresso.

2 – Após ter feito o **Primeiro teste** da página 47, **selecione duas matérias com os melhores desempenhos (ex. português e matemática)**.

3 – **Estude até quatro matérias por semana**, de modo a não acumular muita informação. E, após sentir-se mais confiante nessas matérias e alcançar melhores índices de acertos, vá adicionando novas disciplinas.

4 – Monte o cronograma de modo a **intercalar as matérias**. Isso dá tempo para assimilar novas informações, como **permite rever as matérias já estudadas**.

Eis a seguir uma tabela com quatro matérias estudadas por semana:

	SEGUNDA	TERÇA	QUARTA	QUINTA	SEXTA
Português	X	X			X
Matemática	X	X			X
Informática			X	X	
Direito Penal			X	X	

Dica: na semana seguinte, alterne os dias, de modo a conseguir estudar em três dias as matérias que foram vistas apenas duas vezes na semana anterior.

ESTUDO DAS QUESTÕES DA PROVA – PRIMEIRO AS QUESTÕES MAIS FÁCEIS

1 - Após ter feito as questões da prova no **Primeiro teste** e a conferência do gabarito, selecione as **matérias com os melhores resultados obtidos** e com maior conhecimento (língua portuguesa e matemática, por exemplo), seu estudo e prática começarão por essas matérias (**como visto em Montando o Cronograma de Estudo**). Começar pelas mais fáceis lhe dará maior energia e disposição para iniciar a rotina de estudos.

2 - Pegue as provas anteriores e **selecione dez questões** da matéria selecionada e imprima-as.

Selecione as questões de uma das provas que você baixou pela internet e **copie para um documento do Word**, ou, simplesmente, imprima apenas as páginas em que constam as questões que irá resolver.

O importante dessa etapa é imprimir e **resolver essas questões** no papel, para facilitar o processo de correção e assimilação.

3 – Quando terminar, pegue o gabarito, verifique e **assinale as alternativas** que você acertou.

Dica: comece por dez questões de cada matéria, e avalie a necessidade de alterar esse número de acordo com seu tempo e com a complexidade do assunto.

ESTUDO PELAS ALTERNATIVAS DAS QUESTÕES (A, B, C, D, E)

1 – Esse estudo consiste em **abordar cada tema da matéria.** Como exemplo, vamos utilizar uma questão de Língua Portuguesa sobre concordância verbal:

8. Assinale a alternativa que completa **corretamente** as sentenças.

i. ____________ homens ciumentos naquela casa.
ii. ____________ mulheres oprimidas naquela cidade.
iii. ____________ cinco horas no relógio da matriz.
iv. ____________ dez anos que o casal não briga.
v. A multidão de torcedores ____________ desesperadamente.

(A) Devem haver / Existiam / Deram / Faz / gritava.
(B) Deve haver / Existiam / Deram / Faz / gritava.
(C) Devem haverem / Existem / Deu / Fazem / gritavam.
(D) Devem haver / Existiam / Deu / Fazem / gritava.
(E) Deve haver / Existem / Deu / Faz / gritava.

2 – Vamos supor que **fiz a marcação da alternativa "A"** como sendo a correta. Mas, ao conferir o gabarito, descobri que a alternativa correta é a "B".

Bem, **É AGORA QUE SE INICIA O APRENDIZADO.** Vou até o meu material de estudo, que adquiri anteriormente (**livro, apostila ou site especializado**), e leio tudo o que tiver sobre **Concordância Verbal.** E assim vou entender todos os casos relativos a esse tema.

Vou entender, por exemplo, que "Deve haver" fica sempre no singular, mesmo que esteja se referindo a "homens" na sentença "i".

Vejo também que "Deram" cinco horas é o correto, e não "Deu", pois o verbo deve concordar com o numeral **cinco:** "No relógio da matriz **deram cinco** horas".

Caso eu já não saiba, vou aprender, para nunca mais esquecer, que quando utilizo o verbo "Faz", referindo-se a tempo, ele sempre fica no singular: "**Faz** dez anos que o casal não briga".

Pesquiso e descubro que o verbo "Gritar" deve concordar com o núcleo do sujeito, no caso, "multidão"**,** e a conjugação correta do verbo deve ser "gritava"**.**

E assim, sucessivamente, **vou analisando e entendendo cada opção presente na questão**. Ao final da análise dessa questão, vou ter um conhecimento muito mais abrangente do que tinha antes de resolvê-la e, da próxima vez que eu encontrar tema semelhante em outra prova, terei conhecimento suficiente para acertar a questão.

É justamente o desafio em pesquisar e entender o tema estudado em cada questão e, posteriormente, compreender onde está o erro das demais alternativas, que aumentará a assimilação do conteúdo e proporcionará uma alta taxa de memorização.

3 – **Após analisar todas as alternativas** sobre concordância verbal, passo para a próxima questão de Língua Portuguesa. E, assim, faço o mesmo processo nas demais questões.

No final da resolução das dez questões selecionadas, o **nível de conhecimento sobre a matéria terá pro-**

gredido enormemente, assim como as condições de resolver questões do mesmo tema. Imagine como será ao fim de uma semana e de um mês. **A confiança e o entusiasmo serão muito maiores.**

4 – Ao estudar cada novo tema, faço uma anotação no **caderno de estudos** (concordância verbal, por ex.). Isso servirá como um guia de todo o conteúdo já estudado e como está a assimilação sobre o assunto, o que facilitará o processo de aprofundamento e revisão. Além disso, essas anotações deixarão claro o nível de conhecimento (bom, médio ou fraco) e dificuldades em cada tema **(na parte de Avaliação e Revisão, será apresentado o método de estudo por meio de Palavras-chaves).**

A seguir, observe a tabela que poderá ser usada para anotações do material estudado:

MATÉRIA	ASSUNTO	ENTENDIMENTO
Português	Concordância Verbal	Médio
Português	Crase	Bom
etc.	...	...

Dica: vale a pena pesquisar a fundo cada assunto, identificando as regras e as exceções de cada caso, de modo a sanar todas as possíveis abordagens na prova.

MATÉRIAS COM MAIS DIFICULDADE OU DESCONHECIDAS

Com concursos cada vez mais concorridos, **é comum encontrar provas com muitas matérias**, principalmente na área do Direito. Deparar-se com temas que nunca foram estudados antes pode ser uma realidade, mesmo nas provas de ensino médio.

Caso você tenha dificuldade com a matéria, ou não a conhece, como **Direito Constitucional**, a sugestão é que cumpra uma importante tarefa antes de começar a estudar pelas questões da prova (visto no capítulo anterior): **inicie seu estudo por meio de videoaulas sobre o tema**.

Observe o passo a passo:

1 – Faça uma busca no Youtube por **videoaulas de Direito Constitucional,** por exemplo. Vai surgir uma infinidade de opções à sua escolha. Assista a uma ou mais aulas até se familiarizar com o assunto.

Após assistir, perceba se o **nível de entendimento** que conseguiu com essas aulas, será suficiente para resolver as questões.

Caso ainda sinta necessidade de se aprofundar na matéria, vá até o conteúdo programático do concurso – dentro do edital –, e verifique um subitem de Direito Constitucional (**pode ser Garantias Constitucionais Individuais**, por exemplo), e faça uma nova pesquisa no Youtube.

Assista a essas aulas até se **sentir em condições** de resolver questões dessa matéria.

Imprima, então, dez questões do assunto e passe a resolvê-las, como foi explicado no capítulo anterior.

2 – Observe uma questão de Direito Constitucional para facilitar o entendimento:

O direito de petição

(A) depende do pagamento de taxas.

(B) é exercido para a defesa de direitos ou contra ilegalidade ou abuso de poder.

(C) não pode ser exercido em face do Poder Executivo.

(D) foi abolido com a Constituição de 1988.

(E) não é assegurado aos estrangeiros, ainda que residentes no Brasil.

Após a leitura das opções, marco como correta a opção "B". Ao conferir o gabarito, descubro que marquei corretamente. **Mas isso não significa que a análise da questão irá parar por aqui.** Pelo contrário, vou pesquisar no material de apoio (site **www.planalto.gov.br**, por exemplo) e descobrir o porquê de cada uma das demais alternativas estarem erradas.

> XXXIV – são a todos assegurados, independentemente do pagamento de taxas:
> a) o direito de petição aos Poderes Públicos em defesa de direitos ou contra ilegalidade ou abuso de poder;

Conforme imagem anterior, depreende-se o seguinte do texto:

- alternativa "A": está errada porque petição **independe de pagamento de qualquer taxa**;
- alternativa "C": está errada porque a petição pode ser **direcionada aos Poderes Públicos** (Executivo, Judiciário e Legislativo), e não somente ao Poder Executivo;
- alternativa "D": **não foi abolido** esse direito na Constituição de 1988;
- alternativa "E": é uma garantia **assegurada a todos** (inclusive estrangeiros).

> Dica: quando a matéria tratar-se de questões de entendimento (como português e matemática), a sugestão é por livros e materiais específicos e comentados. Já quando tratar-se de disciplinas de direito, muitas vezes a lei "seca" (sem comentários) pode ajudar mais, a depender do tipo de prova que você fará.

RESUMO DO CAPÍTULO

PASSE NO CONCURSO DE PRIMEIRA

ETAPAS	☑
- Fez a prova do último concurso como primeiro teste?	
- Fez e preencheu a tabela com o índice de acertos em cada disciplina?	
- Montou o cronograma de estudos?	
- Imprimiu e resolveu as questões das matérias selecionadas?	

ANÁLISE E REVISÃO

Se você chegou até aqui, significa que já percebeu a importância de manter a rotina nos estudos. Pois será justamente esse ritmo que determinará onde você chegará.

Neste capítulo, você perceberá a **importância da análise dos resultados obtidos e da revisão da matéria** já estudada.

A análise dos resultados mostrará **como você está** em relação aos seus estudos, o **nível de conhecimento que possui** hoje e, consequentemente, o **caminho que precisa percorrer** até seu objetivo.

Já a **revisão, assegurará o conhecimento** já adquirido, de modo ser possível **adquirir novos conhecimentos.** Análise e revisão têm a capacidade de, juntas, levá-lo longe.

ANÁLISE DIÁRIA E SEMANAL

Ao final de um dia de estudos, é essencial ter em mãos **a quantidade de questões** que foram resolvidas e verificar o **índice de acerto** dessas questões. E essa atividade cumpre importantes funções em seu programa de estudos, como:

1 - **Verificar seu desempenho** e o **nível de dificuldade** em cada disciplina. Com essas informações, será possível **traçar o plano de estudo** ao longo dos próximos dias e semanas. Você também saberá se é o momento de passar a estudar outras matérias ou se manter por mais tempo nas mesmas.

2 – Perceber seu **nível de desenvolvimento** em cada disciplina.

Essa análise não só mostra seu nível de conhecimento **antes do início dos estudos**, como também **durante seu progresso,** o que demonstrará como seu sonho da aprovação está cada vez mais perto.

Faça uma pequena tabela, como a do exemplo a seguir, com as informações de questões e acertos de cada disciplina.

Exemplo diário:

	DIA 1	DIA 2	DIA 3	DIA 4	DIA 5
Português	3/10	4/10	5/10	...	....
Matemática	3/10	4/10	5/10	...	...
Informática	3/10	3/10	4/10	....	...
D. Penal	2/10	3/10	4/10	...	...

Ao longo dos dias e das semanas, **será fácil perceber sua evolução na matéria**, ou nas matérias, caso já esteja estudando mais de uma por dia.

A partir daí, após o término da primeira semana e das seguintes que virão, é **recomendável preencher uma nova tabela**, que mostrará, agora, o desempenho ao longo das semanas.

Exemplo semanal:

	SEMANA 1	SEMANA 2	SEMANA 3
Português	35%	42%	45%
Matemática	30%	35%	40%
Informática	26%	30%	33%
D. Penal	24%	28%	30%

Dica: manter essa anotação, mesmo que de forma simples, é importante para lhe dar foco e energia para se manter empenhado nos estudos, além de lhe mostrar o momento de adicionar novas matérias ao seu cronograma.

ESTUDANDO NOVAS MATÉRIAS

A recomendação é que seus estudos **iniciem com uma a duas matérias por dia**, pelo menos na primeira semana. Esse é o tempo necessário para que você se sinta mais **confiante no método** e pronto para absorver novos conteúdos.

Ao longo das semanas, você perceberá que certos conteúdos já começam a se **tornar meio repetitivos**, e isso é ótimo! Significa que seu conhecimento já está começando a ficar latente e suficiente para lhe proporcionar um **bom desempenho em sua avaliação**. É o momento certo para abrir o leque e passar a estudar as demais matérias que compõem a prova.

"Como dar prosseguimento ao estudo das demais matérias, sem esquecer o conteúdo que fora estudado anteriormente?". É aqui que entra um fator muito importante e que fará grande diferença no resultado de seus estudos: **aprendizagem e revisão.**

> Dica: mantenha-se estudando a mesma matéria até perceber que seu conhecimento esteja mais consolidado.

APRENDIZAGEM E REVISÃO

O método "Concurso para Iniciantes" por si só é uma maneira prática e rápida de estudar, utilizando-se da relação **aprendizagem X revisão.**

Conforme defendido por muitos professores, a melhor forma de gerar **aprendizagem e retenção de informação** é por meio de um **estudo prático e, ao mesmo tempo, desafiante.**

E isso é justamente o que é mostrado detalhadamente neste método.

Ao fazer com o que o candidato seja capaz de entender **não só por que a alternativa da questão está certa, mas, também, a razão de todas as outras estarem erradas**, faz com que ele se sinta cada vez **mais seguro e preparado** para fazer a prova.

Assim, este método torna-se muito eficiente ao assegurar o acesso a **novos conhecimentos (aprendizagem)** e, também, à **manutenção de todos os adquiridos anteriormente (revisão).**

E, claro, o **próprio método "pede" novas matérias** ao mostrar, por meio dos índices de acertos, que está na hora de abordar novas disciplinas ao cronograma de estudo. **Considere adicionar novas disciplinas ao atingir um índice alto (60% a 80%, por ex.).**

Dica: agregue novas disciplinas assim que seu índice melhorar, e você se sentir confiante na matéria que está estudando.

A VARIEDADE DE PROVAS E O ESTUDO CONTÍNUO

Quanto **mais opções de provas** você tiver para estudar pelas questões, mais você conseguirá **abordar todos os temas** que podem aparecer no seu concurso.

As bancas examinadoras têm a **tendência de seguir um padrão** ao abordar os assuntos na prova. Por isso, o método "Concurso para Iniciantes" **pode ser tão efetivo.** Com ele, a cada dia de estudo, você se **sentirá mais preparado e confiante** em ser aprovado.

Se você encontrou entre **cinco e dez provas** para o mesmo cargo que irá prestar, e da **mesma banca examinadora**, a chance de ter conseguido se aprofundar em todos os temas do conteúdo programático são enormes.

Caso você já esteja tendo um alto percentual de acerto nas provas que encontrou, e ainda não tem certeza se toda a matéria já foi abordada, **olhe o conteúdo programático constante no edital** da prova e **verifique se todos os temas estavam nas questões estudadas**, caso não estejam, retome o estudos dos conteúdos faltantes para garantir essa aprovação!

> Dica: caso haja tempo disponível, expanda seu estudo para questões de outras bancas, que contenham os mesmos temas da sua prova. Assim, você encontrará as mesmas matérias abordadas de formas diferentes e que testarão mais a fundo seu conhecimento.

REVISÃO DO CONTEÚDO E CURVA DE ESQUECIMENTO

Com a continuidade no programa, será cada vez mais natural e essencial **alternar** o estudo entre **temas novos e antigos** do conteúdo programático.

"E como vou conseguir manter o conhecimento anteriormente adquirido?". Para facilitar esse processo, entender o **conceito de memorização** é imprescindível.

Sim, **as informações permanecem guardadas no nosso cérebro e vão diminuindo ao longo do tempo.** Para que isso não ocorra, é importante fazer a **revisão** desse conteúdo de tempos em tempos até a chegada da sua prova. Por meio do método de **resolução contínua das questões**, aliado à **técnicas de memorização**, esse processo é garantido.

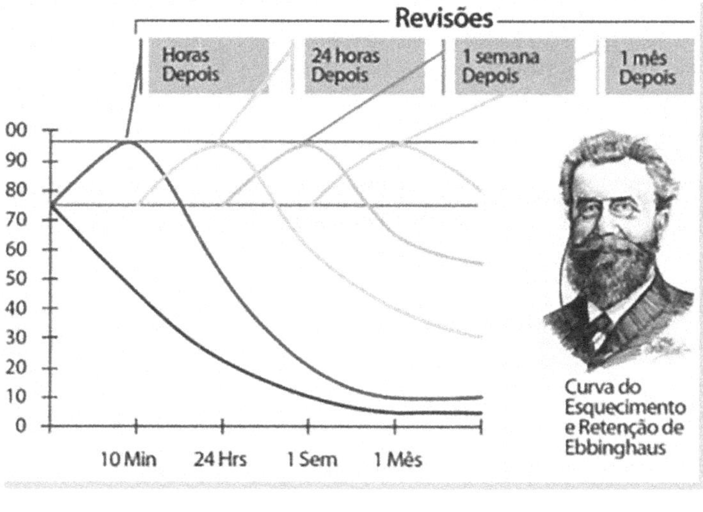

Observe, a seguir, a tabela criada pelo psicólogo alemão Hermann Ebbinghaus (1850-1909), em meados do século XIX, que mostra como funciona a curva de esquecimento e aprendizado:

Nesse gráfico, foi mostrada a **importância de rever o conteúdo** de tempos em tempos. Perceba que sem essas revisões (linha azul), a retenção de conhecimento fica praticamente zerada em pouco tempo.

Segundo o gráfico, a **revisão deve ser feita** de modo a manter o **conhecimento vívido na memória**, mantendo-se alto mesmo passado certo tempo. Incrível, não?

Segundo o psicólogo, esquecimento é uma função normal e saudável do cérebro, que faz com que deixemos de lado memórias sem utilidade ou traumas.

O importante é perceber que podemos lidar com esse fator **incluindo a revisão dentro da rotina de estudos, ao longo dos dias e semanas**.

Vamos, novamente, analisar a tabela do cronograma de estudos, mencionada anteriormente:

	SEGUNDA	TERÇA	QUARTA	QUINTA	SEXTA
Português	X	X			X
Matemática	X	X			X
Informática			X	X	
D. Penal			X	X	

Neste exemplo, **dando um intervalo para rever as matérias de dois dias**, na primeira semana e, posteriormente, **aumentando esse intervalo para cinco ou sete dias**, o conteúdo ficará **sempre presente na memória**, o que trará certeza e segurança cada vez maior na iminente aprovação.

Com o acréscimo de novas disciplinas ao cronograma, **será natural o aumento do espaçamento da revisão** de cada uma delas. Fique tranquilo, tudo isso **acontecerá de forma natural e progressiva**. De acordo com o aumento do desempenho nas disciplinas, **a revisão se tornará cada vez mais espaçada.**

Exemplo de uma tabela para utilizar após as matérias estarem com maior índice de acerto:

	SEGUNDA	TERÇA	QUARTA	QUINTA	SEXTA
Português	X			X	
Matemática	X			X	
Informática		X			X
D. Penal		X			X
D. Constitucional			X		
Atualidades			X		

Dica: saber utilizar as técnicas de revisão e memorização lhe dará condições de estar um passo à frente dos concorrentes.

TÉCNICAS DE ESTUDO E MEMORIZAÇÃO (PALAVRAS-CHAVE)

Já deixamos claro a **importância da revisão do material estudado** e de como isso impactará enormemente em seus resultados.

Mas e o estudo? Como estudar de forma prática e que seja capaz de **facilitar as posteriores revisões do conteúdo**?

A técnica das **palavras-chave** cumpre esse papel de facilitar o **resumo e a assimilação do material** visto, como também permite uma **rápida revisão do conteúdo**. Vamos a ela?

Palavras-chave: essa é uma das maneiras mais efetivas de resumir o conteúdo estudado de forma organizada e prática.

Vamos voltar ao exemplo da questão de **Direito Constitucional** abordada anteriormente:

O direito de petição

(A) depende do pagamento de taxas.

(B) é exercido para a defesa de direitos ou contra ilegalidade ou abuso de poder.

(C) não pode ser exercido em face do Poder Executivo.

(D) foi abolido com a Constituição de 1988.

(E) não é assegurado aos estrangeiros, ainda que residentes no Brasil.

Ao utilizar o **material didático** (site www.jusbrasil.com.br), encontramos as seguintes informações:

XXXIV – são a todos assegurados, independentemente do pagamento de taxas:

a) o direito de petição aos Poderes Públicos em defesa de direitos ou contra ilegalidade ou abuso de poder;

É possível extrair do texto da lei os dados a seguir:

"Direito de Petição:

(A) – é **independentemente** do pagamento de taxas;

(B) – funciona em **defesa de direitos ou contra ilegalidade ou abuso de poder**;

(C) – será em face dos **Poderes Públicos** (inclusive o Poder Executivo);

(D) – **não foi abolido** com a Constituição de 1988, e sim confirmado por esta;

(E) – são a **todos** assegurados (inclusive estrangeiros)."

Depois que selecionamos as principais informações, vamos organizá-las em um diagrama dessa forma:

Direito de petição > Constituição de 1988 > assegurado a todos > aos Poderes Públicos > para defesa de direitos ou contra ilegalidade ou abuso de poder.

A partir disso, fazemos o diagrama com as **palavras-chave** da questão:

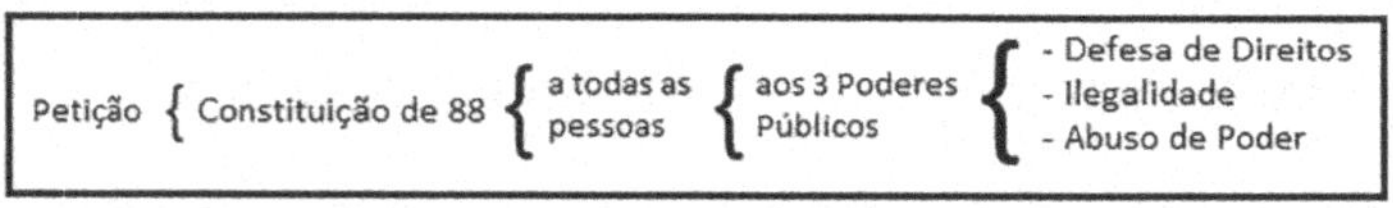

Pronto! Agora o conteúdo está resumido em uma frase curta e de fácil entendimento.

Após pesquisar sobre o tema e entendê-lo, basta uma **rápida repassada por essa frase** para que ela permaneça **clara e seja memorizada**.

Assim, é possível, de forma cada vez mais **sucinta e rápida**, revisar os mais variados temas da prova, podendo se aprofundar em outros temas e matérias.

Dica: após ter feito o resumo do assunto estudado com palavras-chave, você pode mandar um áudio no celular para um grupo apenas com você de integrante. Nesse áudio, tente explicar o que acabou de aprender como se fosse dar uma aula para alguém. Esse exercício de "ensinar" é uma excelente maneira de assimilar o assunto e memorizá-lo!

TÉCNICA DO MAPA MENTAL

Criada por Tony Buzan (1942-2019) na década de 1970, inicialmente **para turbinar cérebros e facilitar o processo de aprendizagem**, é uma técnica em que se cria um tema central, introduzindo pensamentos e demais informações ao seu redor.

É uma ferramenta muito eficiente para a **gestão de informações** e **memorização,** pois parte da **representação visual** de ideias e conceitos de forma simplificada e estruturada.

Possibilita o **fácil entendimento, o aprendizado** e, consequentemente, a **memorização** de assuntos mais complexos.

Pode ser usado nas mais variadas áreas e aqui tem a possibilidade de **auxiliar no processo de entendimento e aprendizagem** de assuntos novos.

O mapa mental **diminui, simplifica e seleciona o que é mais relevante** de um assunto em uma **representação visual** de conceitos de fácil entendimento.

Como **você mesmo irá fazer essa representação**, no papel ou no computador, **ficará mais fácil** lembrar os conceitos durante a resolução da prova.

Vamos observar um **exemplo prático**, abordando a temática de redação. Após fazer uma breve leitura sobre produção de textos, e entender os conceitos de introdução de uma redação, você fará a seguinte representação:

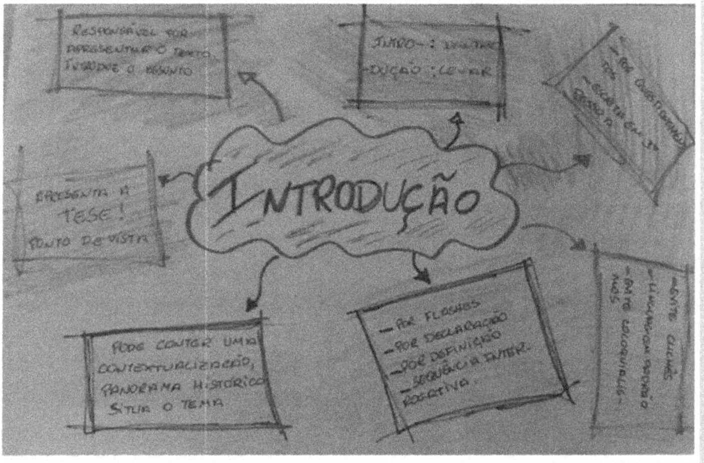

Perceba como o mapa mental permite que você **faça suas próprias anotações, com palavras e frases** que fazem sentido para você, e que ficarão muito mais **fácil de serem lembradas** no momento de realizar sua prova, já que foi você mesmo quem as elaborou.

As informações partem do centro do papel, da **ideia principal**, e vão se desdobrando, o que **fortalece as conexões cerebrais**, dando sentido ao tema.

Os mapas podem ser usados nos mais **variados temas e atividades** e, durante sua elaboração, será possível entender e assimilar conceitos simples ou complexos.

Vamos a uma pequena prática?

No espaço a seguir, **complete os balões** com o que vem à sua cabeça, de acordo com sua percepção e com o que já viu neste e-book, sobre o tema Concurso Público:

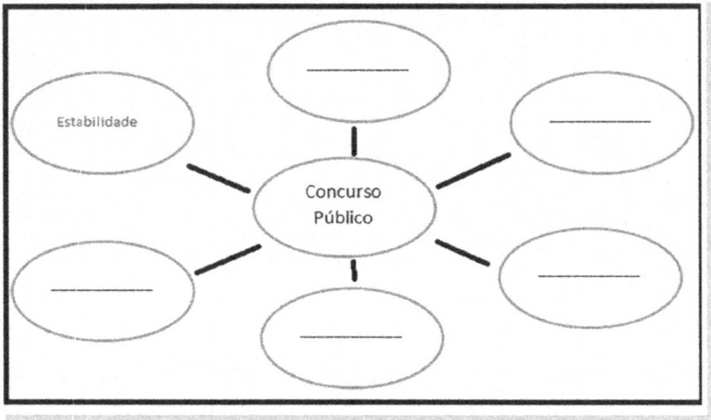

Mapa Mental das Disciplinas (fáceis e difíceis)

Com o passar dos dias e das semanas, **você vai perceber quais disciplinas estão se desenvolvendo bem**, e quais necessitam de mais tempo e dedicação.

Uma boa maneira de organizar essas matérias e, assim, ter um resultado melhor na progressão dos estudos é **fazer mapas mentais** que podem auxiliar nessa percepção.

A seguir um exemplo de como utilizar o mapa em relação a essas matérias:

1 – matérias mais fáceis: Português, Matemática, Direito Constitucional;

2 – matérias com mais dificuldades: Informática, Direito Administrativo e Direito Penal.

Aprofundando um pouco mais na matéria, conseguimos identificar quais são as dificuldades e como lidar com elas. Observe o exemplo a seguir.

- **Informática:** dificuldades (**editores de planilha; navegadores de internet; segurança da informação**); como desenvolver **(videoaulas; exemplos práticos).**

> Dica: comece praticando os mapas mentais com temas mais conhecidos e fáceis e, com o tempo, vá passando para assuntos mais complexos.

TÉCNICA PALÁCIO DA MEMÓRIA

Palácio da memória consiste em uma técnica **muito antiga e de fácil aplicação para memorizar itens diversos.** Sua principal função é decorar itens de uma lista.

Como pode acontecer de pedirem em uma prova uma **série de nomes**, utilizar essa técnica facilita no **processo de memorização.**

Por exemplo, pode ser necessário saber a **lista de Estados de uma região do país,** ou de **países de uma organização internacional,** nomes dos **ex-presidentes da República** etc.

Também conhecida como **método das jornadas**, dizem que era utilizada na antiguidade como suporte para oradores e mestres, já que não havia muitos recursos à disposição.

O palácio da memória consiste em se colocar mentalmente em um **lugar bem conhecido e familiar** para você, pode ser a sua casa ou o seu quarto, e, a partir daí, ir fazendo ligações dos itens que deseja lembrar com objetos ou móveis que estariam nesse lugar.

Vamos a um teste para tornar isso mais claro:

1 – Escolha um lugar bem conhecido por você (casa, apartamento, faculdade ou trabalho).

2 – Escolha uma parte desse local, como uma entrada ou um objeto, para dar início ao exercício (porta da casa, portão do trabalho etc.) e percorra todo o ambiente, percebendo o que você encontra pelo caminho (mesa, cadeira, sofá, estante etc.).

Percorra esse ambiente **mentalmente por três vezes**, até conseguir guardar na memória uma lista e uma ordem dos objetos com que se deparou.

3 – Selecione as palavras que deseja memorizar, por exemplo, os últimos presidentes da República. Nesse caso, você precisará escolher um ambiente com número suficiente de cômodos ou espaços que representem a quantidade de presidentes que irá ter que memorizar.

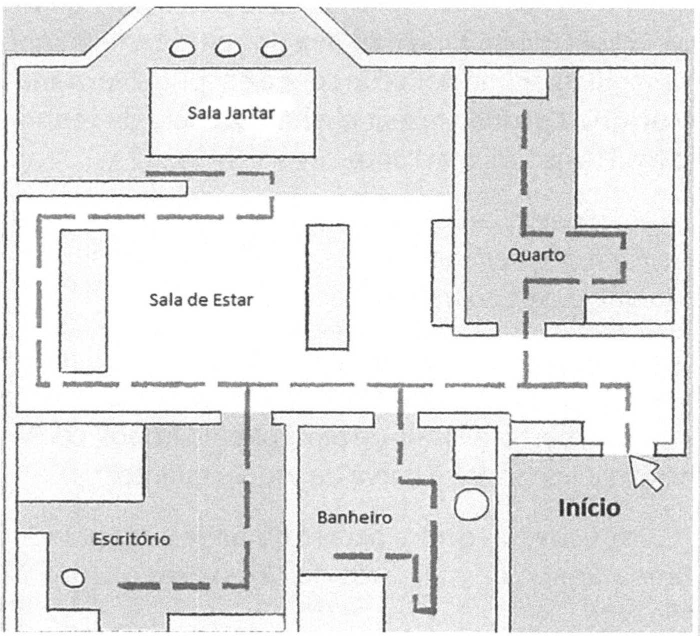

4 – Faça esse exercício em um ambiente que você conhece muito bem, para poder lembrar-se claramente de cada espaço.

Vamos supor que essa ilustração represente a sua casa. Agora é hora de **associar cada cômodo**, iniciando pela porta de entrada e percorrendo cada um dos cômodos, a todos os **ex-presidentes** que você deve mencionar em sua prova.

Por exemplo, você chega em casa e se depara com a **Dilma Rousseff** segurando uma bandeja de frutas para lhe recepcionar. A seguir, você passa pelo quarto e vê o **Luís Inácio Lula da Silva** dormindo e roncando. Em seguida, segue pelo corredor e encontra **Fernando Henrique Cardoso** fazendo a barba, cheio de espuma no rosto, e assim por diante...

Lembre-se, quanto mais engraçada ou inusitada a cena que você decorar, mais fácil será de lembrar da situação e do que é preciso memorizar.

5 – Revise esse trajeto quantas vezes forem necessárias até que toda a cena não saia mais de sua cabeça. Após isso, basta revisá-la de tempos em tempos, conforme explicado sobre a curva de esquecimento.

Dica: use essa técnica para lembrar de listas grandes, como número de membros do STF, países de uma região etc.

REVISÃO FOCADA ANTES DA PROVA

A principal função desse exercício é **rever os conteúdos** que foram vistos **desde o começo dos estudos**, de forma a torná-los **recentes em sua tela mental**.

Diferente das revisões realizadas durante o período de estudo, **por meio da resolução das questões das provas**, a revisão focada é realizada nos **últimos dias ou semanas antes** da realização da prova (a depender do tempo disponível).

Esse exercício, além de permitir a **recapitulação de importantes temas** do conteúdo, dará a **segurança e tranquilidade** que lhe ajudará muito na realização de sua prova. A seguir, como realizar o exercício de forma prática:

- **revise assuntos com maior incidência**, ou seja, aqueles que você mais encontrou na resolução das questões das provas que estudou;
- **revise o conteúdo que foi** sintetizado utilizando a técnica das **Palavras-Chave**;
- **revise os Mapas Mentais** que criou e que considera ter informações importantes;
- **ouça os áudios que criou** para si mesmo;
- **revise as listas de nomes** que criou a partir da técnica do **Palácio da Memória**, refazendo o trajeto de cada uma dessas listas;

- **revise os assuntos que você entende como sendo os mais difíceis** (dê preferência aos resumos desses temas). Se necessário, **elabore palavras-chave ou mapas mentais** para facilitar o entendimento.

O **estudo de conceitos antigos, juntamente com os novos** lhe dará excelentes condições de **realizar uma boa prova**.

Sua prova se aproxima e a sensação de estar preparado é cada vez mais presente. Fazer essa revisão certamente aumentará essa percepção.

> Dica: por mais confiante que se sinta, não deixe de fazer essa revisão próximo à realização da prova. Ela pode ajudar a conseguir alguns pontos importantes.

RESUMO DO CAPÍTULO

PASSE NO CONCUR
DE PRIMEIRA

ETAPAS	☑
Tem anotado o numero de questões e acertos das matérias estudadas?	
Calculou o índice de acertos diários e também semanais?	
Tem percebido o seu progresso? Quantas matérias tem estudado na semana?	
Tem estudado quantas matérias na semana?	
Já se sente confiante para adicionar novas matérias ao estudo?	
Conseguiu utilizar a técnica de palavras-chave para algum tema?	
Gostou dica de mandar um áudio para si mesmo, explicando algo que aprendeu?	
Utilizou o mapa mental? E o palácio da memória?	

AGORA É COM VOCÊ!

Estamos praticamente finalizando esse material. Já passamos pelas fases de **pesquisa de concursos e áreas de afinidade**, **avaliação dos conhecimentos**, **desenvolvimento do programa de questões**, e concluímos com a **análise e revisão do conteúdo estudado**.

Mas sei que ser aprovado em um concurso, apesar de ser totalmente possível, não é uma atividade fácil. **Necessita de dedicação, esforço e determinação** para tornar esse sonho realidade. No entanto, quero enfatizar aqui, que **você é capaz e tem todas as condições para isso.**

Há uma frase de Henry Ford nesse sentido: "**Se você pensa que pode ou se pensa que não pode, de qualquer forma você está certo!**". Sim, assim que você decidir mudar de vida, o processo vai se construindo naturalmente.

E para tornar esse processo um pouco **mais leve e tranquilo**, no próximo capítulo estão alguns exercícios de **relaxamento e meditação** que ajudarão a alcançar essa meta.

Dedique-se o quanto puder a este método de estudo, acredite em seu potencial, imagine-se sendo aprovado e perceba que todo seu esforço valerá a pena.

BÔNUS
TÉCNICAS DE RELAXAMENTO E MEDITAÇÃO

Você está mergulhado nos estudos e merece os parabéns por estar chegando próximo do seu objetivo de ser aprovado.

Mas, ao longo dos dias, tem horas que bate aquele cansaço e **é preciso parar um pouco e descansar.** Para isso, trouxemos alguns exercícios e práticas que lhe trarão **relaxamento físico e mental, e que vão ajudar a repor as energias** para continuar em direção ao seu sonho.

É um **material com técnicas de relaxamento e meditação**, que proporcionarão **descanso mental e ganho de foco** para aproveitar o máximo de seus estudos e se manter firme na caminhada.

São exercícios que **podem ser feitos diariamente** e **durante a realização da prova.** Sinta-se à vontade em usá-los sempre que sentir vontade!

TÉCNICAS DE RELAXAMENTO

Técnicas de relaxamento são excelentes formas de **reduzir o estresse, prevenir sintomas de ansiedade e melhorar a qualidade dos estudos.**

Estar estudando e se preparando para uma prova de concurso pode não ser uma tarefa fácil, principalmente se estamos ansiosos ou preocupados.

Utilizar técnicas de relaxamento durante os estudos é uma forma de estar focado e tranquilo para adquirir e assimilar novos conhecimentos.

O **relaxamento promove a liberação de neurotransmissores**, entre eles a endorfina, que provoca a sensação de bem-estar e prazer, evitando e combatendo os efeitos do estresse.

Além disso, a prática do relaxamento diário auxilia no **processo de aprendizagem e memorização**, o que é de extrema importância para quem pretende estar preparado para prestar concursos públicos.

Eis a seguir **cinco técnicas de relaxamento** que podem ser realizadas **antes, durante e após os estudos**, ou em momentos de dificuldade na prova.

1 – RELAXAMENTO PARA INICIAR OS ESTUDOS DIARIAMENTE (E LIDAR COM O "BRANCO" NA PROVA).

a) Respiração diafragmática: quando estamos ansiosos ou preocupados, há baixa oxigenação no cérebro, e, consequentemente, baixa na capacidade de assimilação de novas informações. Essa baixa oxigenação também pode ser um dos motivos do "branco" na hora da prova.

Aumentar o ritmo da respiração não é suficiente. É preciso melhorar a qualidade dessa respiração, aumentando o volume de ar que respiramos.

Para isso, faça de **cinco a dez respirações abdominais profundas**, inflando a barriga ao invés de inflar o tórax, de modo lento e profundo. Inspire pelo nariz e expire pela boca, tentando expulsar totalmente o ar dos pulmões. Isso traz uma calma quase imediata.

2 - PARA REENERGIZAR A MENTE DURANTE OS ESTUDOS.

a) Visualização positiva: esse é um exercício capaz de aumentar a quantidade de hormônios do prazer e, consequentemente, proporcionar relaxamento. Consiste na imaginação e recordação de cenas de prazer e satisfação.

Lembre-se de **momentos antigos e prazerosos de viagens ou momentos fraternos** em que se sentiu bem e com satisfação. Utilize não só as lembranças visuais, como também recorra a lembranças auditivas, olfativas, táteis e palatáveis para dar maior vida a essas memórias.

b) Rir e sorrir: essa técnica é autoexplicativa. E consiste em **buscar o riso e o sorriso de forma espontânea ou até mesmo forçadamente**. Segundo estudos realizados sobre seus efeitos no corpo humano, independe para o cérebro se essas ações são naturais ou provocadas, seus efeitos são os mesmos.

E, como resultado, são **liberadas doses de dopamina, endorfinas e serotonina**, substâncias que causam o relaxamento corporal, redução do batimento cardíaco e diminuição da pressão arterial.

3 – PARA RELAXAR O CORPO E A MENTE APÓS OS ESTUDOS.

a) Relaxamento progressivo dos músculos: esse exercício é uma técnica para redução da atividade fisiológica que se mostra muito eficiente para o tratamento de ansiedade e estresse mental.

Para conseguir isso, **contraia e relaxe os músculos do corpo**, iniciando por cabeça, pescoço e ombros. Depois, passe sucessivamente ao tórax, braços e mãos. Vá, então, para as costas, segurando o ar por alguns segundos. Posteriormente, siga para o abdômen, cintura e glúteos. Finalize com as pernas.

A fase seguinte consiste no movimento contrário. Agora, a ação é **passar mentalmente cada uma das partes** anteriormente tensionadas com a intenção de sentir o relaxamento em cada uma delas.

MEDITAÇÃO PARA AUMENTO DA CONCENTRAÇÃO

Embora essa prática possa parecer não estar relacionada com **aprovação em concurso público**, ela pode ser uma importantíssima ferramenta para alcançar essa meta. **Poucos minutos diários já são suficientes** para experimentar seus efeitos.

Há **inúmeras pesquisas que comprovam** que essa prática traz resultados que vão além dos **efeitos positivos no corpo e na mente**.

Alguns de seus principais efeitos são: **melhora da concentração, redução da ansiedade, aumento da atenção e memória, melhor qualidade do sono, entre outros.**

Vamos a um passo a passo para orientá-lo nas práticas iniciais.

1 – Defina um horário para sua prática e tente manter esse horário como um compromisso (se possível, antes de iniciar os estudos). Assim, você já começa a acostumar seu corpo e mente com o exercício. A cada dia que passar ficará mais fácil entrar no clima de se desligar do mundo por alguns minutos.

2 – Procure um lugar silencioso, ou o mais silencioso que puder, em um cômodo separado, e caso não esteja sozinho na casa, peça para não ser interrompido. Quanto mais relaxado e ciente de que não terá interrupções, mais fácil será se soltar e se entregar à prática.

3 – Desligue o celular ou deixe em modo silencioso para que não seja interrompido. Coloque o alarme com o tempo que deseja praticar o exercício, assim ficará tranquilo em não passar da hora.

4 – Fique em uma posição confortável, com roupas leves e soltas, na cadeira, no sofá, na cama, ou até no chão, se preferir. Tudo bem se quiser tirar um pouco a luz do ambiente também. Mas é de suma importância que não apoie a cabeça, principalmente no começo da prática. Por ser um exercício muito prazeroso e agradável, é muito fácil soltar-se demais e cair no sono.

5 – Esteja em estado agradável: sem sono, sede e fome. Não será possível sentir-se à vontade se estiver bocejando ou com a barriga roncando, certo? Então esteja tranquilo e se prepare para esse momento como quem se prepara para um momento consigo mesmo.

Meditação consiste em deixar de ter atividade mental para que seja possível entrar em um estado profundo de relaxamento, embora seja bem mais profundo que um relaxamento. E se inicia no **processo de deixar de pensar** ou de entrar em algum pensamento.

Agora **relaxe e faça uma breve passagem mental** pelas partes do seu corpo, iniciando pelos pés e indo até o couro cabeludo.

Preste atenção à sua respiração e sinta o ar entrando e deixando seus pulmões. Deixe o ar sair pelas narinas cada vez mais suavemente.

Foque sua atenção nesse movimento e não entre em nenhum pensamento, caso venha algum à mente, deixe que venha e que vá embora, **sem pressa e sem controle**. Esteja tranquilo e em paz.

Entregue-se a essa sensação de leveza que toma conta do seu corpo. Perceba a energia que pulsa dentro de você. Permaneça nessa sensação de paz e serenidade pelo tempo que conseguir.

Comece devagar, meditando entre cinco ou dez minutos, e vá aumentando com o passar dos dias. **Não se cobre**! Aos poucos ficará mais fácil, e logo você sentirá os efeitos, como melhora na concentração e na memória, o que facilitará muito seus estudos.

BÔNUS OPÇÕES DE CONCURSO PARA ENSINO MÉDIO

Para facilitar sua escolha por um concurso público, a seguir estão **cinco opções de concursos de nível médio**, entre nacionais e estaduais, que são excelentes opções para quem deseja entrar na carreira pública.

PREVIDÊNCIA SOCIAL

INSTITUTO NACIONAL DO SEGURO SOCIAL

- Instituto Nacional do Seguro Social (INSS)
- Âmbito: nacional
- Cargo: Técnico do Seguro Social.
- Salário inicial: R$ 5.905,79 (em 2022).
- Vagas: 1.000 (em 2022).

Características: a função de Técnico do INSS não necessita de uma formação específica, bastando apenas o certificado de conclusão do Ensino Médio. A esse profissional cabe a realização de atividades internas e externas, relacionadas ao planejamento, organização e execução de tarefas de competências constitucionais e legais do INSS. Cabe ainda a ele coletar informações, executar pesquisas, levantamentos e controles, além de emitir relatórios e pareceres.

O último concurso ocorreu em 2022, sob a organização da Cebraspe.

Na ocasião, foram ofertadas 1.000 vagas de Técnico do Seguro Social (Ensino Médio), divididas por vários Estados do país.

As vagas destinadas ao cargo de Técnico do Seguro Social exigem Ensino Médio completo e 18 anos de idade, para jornadas de 40 horas semanais.

BANCO DO BRASIL

- Banco do Brasil
- Âmbito: nacional
- Cargo: Escriturário
- Salário inicial: R$ 3.622,23 (em 2023)
- Vagas: 4.000 + 2.000 de cadastro de reserva (em 2023)

Características: o Escriturário é responsável por inúmeras atividades nas instituições bancárias, tais como:

- atendimento ao público, comercialização e negociação de produtos e serviços;
- identificação de clientes, verificação de identidades, assinaturas e impressões digitais;

- elaboração e conferência de documentos e correspondências em geral;
- inserção e consulta de dados em sistemas informatizados e aplicativos relacionados às suas atividades;
- efetuar cálculos diversos e controles numéricos;
- identificar e apontar oportunidades de melhorias nos processos que atua;
- outras atividades inerentes ao conteúdo do cargo.

O último concurso ocorreu em 2021, sob organização da Fundação Cesgranrio, com uma prova com 70 questões de múltipla escolha, compostas pelas disciplinas de língua portuguesa, língua inglesa, matemática, atualidades do mercado financeiro e conhecimentos específicos.

Na ocasião, foram ofertadas 2204 vagas, além de formação de cadastro reserva, divididas por vários Estados do país.

Essas vagas foram destinadas a candidatos com Ensino Médio completo e 18 anos de idade, para jornadas de 30 horas semanais.

TRIBUNAL DE JUSTIÇA DE SÃO PAULO

- Tribunal de Justiça do Estado de São Paulo (TJSP)
- Âmbito: estadual
- Cargo: Escrevente Técnico Judiciário
- Salário inicial: R$ 4.981,71 (em 2022)
- Vagas: 845 (em 2022)

Características: as atividades de Escrevente Técnico Judiciário estão relacionadas à organização dos serviços que envolvem o suporte técnico e administrativo às unidades do Tribunal de Justiça. Além disso, também são responsáveis por dar andamento em processos judiciais e administrativos, exercer atendimento ao público interno e externo, elaborar e conferir documentos, controlar e guardar os materiais de expediente e manter-se sempre atualizado em relação à legislação referente à sua área de atuação.

Em suma, o escrevente trabalhará em suporte a juízes e promotores, atuando, organizando e auxiliando na administração do fórum.

O último concurso ocorreu em 2022, sob organização da banca VUNESP. Na ocasião, foram ofertadas 845 vagas de Escrevente Técnico Judiciário, divididas por várias cidades do Estado.

As vagas foram destinadas a candidatos com Ensino Médio completo e 18 anos de idade, para jornadas semanais de 40 horas semanais.

POLÍCIA MILITAR DO ESTADO DE SÃO PAULO

- Polícia Militar do Estado de São Paulo (PMSP)
- Âmbito: estadual
- Cargo: Soldado
- Salário inicial: R$ 3.360,33 (em 2022)
- Vagas: 2.700 (em 2022)

Características: as atividades dos policiais militares consistem em realizar rotinas de segurança e bem-estar coletivo dos cidadãos, bem como de seu patrimônio. Além disso, cabe a esses profissionais o patrulhamento de vias, orientação à população, contenção de conflitos civis, realização de busca a criminosos e recuperação de bens, e atendimento a ocorrências criminais em geral.

O policial militar está preparado para lidar com situações difíceis e perigosas no exercício de suas funções.

Sua rotina pode envolver situações variadas de locais e horários. Sua atuação pode ainda ser direcionada para diferentes cidades, podendo atuar em grupos de elite de combate ao crime, tropa de choque, rondas com motocicletas, rondas escolares, ações no trânsito, patrulhamento, ações administrativas etc.

O último concurso ocorreu em 2022, sob organização da banca VUNESP. Na ocasião, foram ofertadas 2700 vagas, para ambos os sexos, de idade de 17 a 30 anos, com Ensino Médio completo, com habilitação para condução de carro, além de perfil e obrigações compatíveis com a função.

IBGE

- Instituto Brasileiro de Geografia e Estatística (IBGE)
- Âmbito: nacional
- Cargo: Agente Censitário Municipal (ACM) e Agente Censitário Supervisor (ACS)
- Salário inicial: R$ 1.700,00 a R$ 2.100,00 (em 2022)
- Vagas: 5.450 para ACM; 18.420 para ACS e 183.021 para Recenseador.

Obs.: contratação por tempo determinado para atender necessidade temporária de excepcional interesse público.

Características: as atividades do Recenseador consistem em executar o trabalho de coleta de dados da população por meio de entrevistas. Esse trabalho contará com a supervisão do Agente Censitário Supervisor (ACS). O ACS fornecerá o material e instrumentos de trabalho, além de prestar orientação técnica e assistência permanente durante a realização das coletas.

O concurso de 2022, com data da prova em abril/2022, teve a banca FGV como organizadora.

Foram 206.891 vagas ao todo, para ambos os sexos e acima de 18 anos, com ensino médio completo.

ATÉ BREVE!

Chegamos ao final deste material, mas nosso trabalho não para por aqui!

Estivemos juntos durante todo esse método e tenho certeza de que você se esforçou bastante. Mas quero continuar próximo e saber mais de você.

O que achou deste material, como está indo em seus estudos, se está progredindo, se tem dúvidas, perguntas ou sugestões sobre este trabalho.

Para saber tudo isso, vou deixar meu e-mail para que você possa entrar em contato. Terei todo o prazer em ajudar da melhor maneira possível.

Quero saber do seu progresso, das suas conquistas e seus resultados.

Até logo e muito sucesso em sua carreira!

- **Sandro Madeira**
- **E-mail: sandromad@gmail.com**